Paramahansa Yogananda
(1893 – 1952)

Vetenskapliga helande affirmationer

Koncentrationens teori och praktik

av

Paramahansa Yogananda

Den vetenskapliga tillämpningen av koncentration och affirmationer för att hela obalanser i kroppen, sinnet och själen genom förnuft, vilja, känsla och bön

Self-Realization Fellowship
FOUNDED 1920
Paramahansa Yogananda

Tillägnad min Gurudeva,
Jnanavatar Swami Sri Yukteswar,
med kärlek, vördnad och hängivenhet

෨

INNEHÅLL

DEL 1
LÄRAN OM HELANDE

DEL 2

TILLÄMPNINGAR

PARAMAHANSA YOGANANDAS ANDLIGA ARV

Alla hans fullständiga skrifter, föreläsningar och informella samtal

Paramahansa Yogananda skapade år 1920 Self-Realization Fellowship[1] för att sprida sina läror över hela världen och för att bevara deras äkthet och integritet till kommande generationer. Som produktiv skribent och föredragshållare skapade han från sina tidigaste år i Amerika en ryktbar och omfattande samling verk kring yogans meditationsvetenskap, konsten att leva ett balanserat liv och den underliggande enheten mellan alla stora religioner. Idag lever detta unika och vidsträckta andliga arv vidare och

---

[1] Bokstavligen "Samfundet för självförverkligande". Paramahansa Yogananda har förklarat att namnet Samfundet för självförverkligande står för "Gemenskap med Gud genom självförverkligande, och vänskap med alla själar som söker sanningen."

inspirerar miljoner sanningssökare över hela jorden.

För att uppfylla den store mästarens uttryckliga önskan fullföljer Self-Realization Fellowship sitt pågående uppdrag att publicera och kontinuerligt tillhandahålla *The Complete Works of Paramahansa Yogananda (Paramahansa Yoganandas samlade verk).* Dessa inkluderar inte bara de slutgiltiga versionerna av alla de böcker han publicerade under sin livstid, utan även många nya titlar. Detta kan vara verk som förblev opublicerade vid hans bortgång 1952 eller som publicerats i brottstycken under årens lopp i Self-Realization Fellowships tidskrift. Även hundratals djupt inspirerande föredrag eller informella samtal, som inspelats men inte gått i tryck förrän efter hans bortgång, ingår i samlingen.

Paramahansa Yogananda utvalde och tränade personligen upp de nära lärjungar som leder Self-Realization Fellowship Publication Council, och gav dem noggranna riktlinjer för att sammanställa och publicera hans läror. Medlemmarna i SRF Publication Council (bröder och systrar som avlagt livslånga löften om försakelse och osjälviskt tjänande) vördar dessa riktlinjer som ett heligt uppdrag för att det universella budskapet från denna älskade världslärare ska leva vidare med sin ursprungliga kraft och äkthet.

Self-Realization Fellowships symbol (vilken visas på föregående sida) skapades av Paramahansa Yoganada som igenkänningstecken för den ideella organisation han grundade för att sanktionera källan till sina läror. SRF:s namn och symbol finns på alla Self-Realizations publikationer och inspelningar. Detta försäkrar läsaren att verket kommer från den organisation Paramahansa Yogananda grundade och att det uttrycker hans läror så som han själv avsåg att de skulle presenteras.

- Self-Realization Fellowship

D e l   1

LÄRAN OM HELANDE

1
Varför affirmationer fungerar

〜

MÄNNISKANS ORD UTGÖR anden i henne. De uttalade orden är ljud som framkallas av tankens vibrationer; tankar är vibrationer som sänds ut av jaget eller själen. Varje ord som yttras ska vara fyllt av själens vibrationer. En människas ord är tomma om hon inte förmår genomsyra dem med andlig kraft. Pladder, överdrifter eller osanningar gör orden lika verkningslösa som papperskulor avfyrade med leksaksgevär. Att tal eller böner från en pratsam och slarvig person skulle åstadkomma välgörande förändringar i tingens ordning är inte sannolikt. En människas ord bör inte enbart representera sanningen utan också uttrycka en klar förståelse och insikt. Tal utan själskraft är som agnar utan vete.

DEN ANDLIGA KRAFTEN I MÄNNISKANS ORD

Ord som mättats med ärlighet, övertygelse, tro och intuition är som högexplosiva vibrationsbomber som vid detonationen splittrar svårigheternas hälleberg och skapar den önskvärda förändringen. Undvik att använda otrevliga ord även om de är sanna. Uppriktiga ord eller affirmationer som upprepas med förståelse, inlevelse och vilja kommer ofrånkomligen att locka fram den Allestädes närvarande vibrerande kosmiska Kraftens hjälp i svåra situationer. Vädja till den Kraften med obegränsat förtroende och utplåna alla tvivel; annars kommer din uppmärksamhets pil att missa sitt mål.

När du planterat det vibratoriska bönefröet i det Kosmiska medvetandets jord ska du inte dra upp det för ofta för att undersöka om det hunnit gro än. Ge de gudomliga krafterna en chans att verka ostört.

Människans gudomligt givna kraft

Det finns inget mäktigare än Kosmiskt medvetande, eller Gud. Hans styrka överträffar absolut det mänskliga sinnets. Sök endast Hans hjälp. Men denna maning innebär inte att du ska bli passiv, overksam eller godtrogen; inte heller att du ska underskatta kraften i ditt eget sinne. Herren hjälper dem som hjälper sig själva. Han gav dig viljekraft, koncentration, tro, förstånd och sunt förnuft att använda när du försöker befria dig från kroppsliga och mentala lidanden. Använd alla dessa förmågor samtidigt som du åkallar Honom.

Då du uttalar böner eller affirmationer, tro alltid på att du använder *dina egna* men *gudomligt givna* krafter för att hela dig själv eller andra. Be om Hans hjälp men var medveten om att det är du själv, såsom Guds älskade barn, som brukar Hans gåvor i form av vilja, känsla och förnuft för att lösa alla livets svåra problem. Eftersträva balans mellan den medeltida föreställningen om att vara helt beroende av Gud och det moderna förhållningssättet att enbart förlita sig på egot.

ATT ANVÄNDA VILJA, KÄNSLA OCH FÖRNUFT

När man använder sig av olika slags affirmationer, bör man förändra sin mentala attityd; exempelvis bör viljebaserade affirmationer åtföljas av en stark beslutsamhet; känslobaserade affirmationer av hängivenhet och förnuftsbaserade affirmationer av tydlig förståelse. När du ska hela andra, välj en affirmation som passar patientens handlingsinriktade, fantasifulla, känslofyllda eller tankfulla temperament. Vid alla affirmationer är det intensiteten i uppmärksamheten som är viktigast, men varaktighet och upprepning betyder också en hel del. Låt dina affirmationer genomsyras av hängivenhet, vilja och tro på ett intensivt och uthålligt sätt, utan att fundera på resultatet, vilket kommer naturligt som frukten av ditt arbete.

Medan den fysiska läkningen pågår bör uppmärksamheten inte riktas mot sjukdomen, då detta riskerar att försvaga tron, utan mot sinnets obegränsade kraft. För att besegra rädsla, vrede, dåliga vanor och så vidare, bör man koncentrera sig på den motsatta egenskapen; det vill säga, rädsla kureras med medvetenheten om mod, vrede med frid, svaghet med styrka och sjukdom med hälsa.

Psykiskt inflytande över kroniska sjukdomar

När man har för avsikt att hela koncentrerar man sig ofta mer på sjukdomens fasta grepp än på möjligheten att läka. Sjukdomen tillåts då bli en både psykisk och fysisk ovana. Detta gäller särskilt vid de flesta fallen av nervositet. Varje tanke på depression eller glädje, retlighet eller lugn, ger upphov till subtila spår i hjärncellerna och förstärker tendenserna till sjukdom eller välbefinnande.

Den undermedvetna och vanemässiga föreställningen om sjukdom eller hälsa utövar ett starkt inflytande. Efterhängsna psykiska eller fysiska sjukdomar är alltid djupt rotade i det undermedvetna. Sjukdom kan botas genom att rycka upp dess dolda rötter. Det är därför som det medvetna sinnets alla affirmationer måste vara *tillräckligt verkningsfulla* för att kunna tränga in i det undermedvetna, vilket i sin tur automatiskt påverkar det medvetna sinnet. Starka, medvetna affirmationer återverkar således på sinnet och kroppen genom det undermedvetnas förmedling. Ännu starkare affirmationer når inte endast det undermedvetna utan också det övermedvetna – det magiska förrådet av undergörande krafter.

Sanningar måste uttalas beredvilligt, oförbehållsamt, förståndigt och hängivet. Låt inte uppmärksamheten glida iväg. Om uppmärksamheten vandrar iväg likt en skolkande elev, måste den återföras om och om igen, och gång på gång tålmodigt tränas på att utföra uppgiften den fått.

Uppmärksamhet och tro är nödvändiga

För att nå fram till övermedvetandet måste alla affirmationer vara befriade från osäkerhet och tvivel. Uppmärksamhet och tro är de ljus som leder, även de affirmationer som inte till fullo förstås, till det under- och övermedvetna.

Tålamod och uppmärksam, intelligent upprepning gör underverk. Affirmationer för att bota kroniska psykiska eller kroppsliga åkommor bör upprepas ofta, djupt och kontinuerligt (i det att du fullständigt bortser från eventuella oförändrade eller motsatta tillstånd), tills de blir del av dina djupa, intuitiva övertygelser. Det är bättre att dö, om döden skulle infinna sig, med övertygelsen om fullkomlig hälsa än med tron att en psykisk eller kroppslig åkomma är obotlig.

Även om det, enligt människans nuvarande kunskaper, är döden som är det oundvikliga slutet för kroppen, kan ändå dess "utsatta tid" flyttas fram med hjälp av själens kraft.

2.
LIVSENERGI ORSAKAR LÄKNING

୬

JESUS KRISTUS SADE: "Människan skall inte leva bara av bröd, utan av varje ord som utgår ur Guds mun"[1].

"Ordet" är livsenergi eller den kosmiska vibrationskraften. "Guds mun" avser förlängda märgen i bakre delen av hjärnan som avsmalnande övergår i ryggmärgen. Denna den mest vitala delen i människokroppen, är den gudomliga ingången ("Guds mun") för "ordet" eller den energi som håller människan vid liv. I de hinduiska och kristna skrifterna benämns "Ordet" *Aum* respektive *Amen*.

---

[1] Matteus 4:4. Se Johannes 1:1 "I begynnelsen var Ordet, och Ordet var hos Gud, och Ordet var Gud."

Det är uteslutande denna Fulländade Kraft som helar; alla yttre metoder för att stimulera läkning samarbetar bara med livsenergin och är verkningslösa utan denna.

ATT BOTA I ENLIGHET MED TEMPERAMENTET

Medicin, massage, manipulering av ryggraden eller elektrisk behandling kan återställa en förlorad balans i cellerna genom att kemiskt förändra blodet eller genom fysiologisk stimulering. Dessa utgör yttre metoder som ibland kan hjälpa livsenergin att åstadkomma läkning, men de är verkningslösa på en död kropp där livsenergin har försvunnit.

Föreställningsförmåga, förnuft, tro, känsla, vilja eller strävan kan användas i överensstämmelse med en individs speciella natur – vare sig den är fantasirik, intellektuell, ambitiös, känslostyrd, viljestark eller strävande. Detta faktum är okänt för de flesta.

Coué betonade värdet av självsuggestion [2], men en intellektuell person är inte mottaglig för suggestion utan påverkas endast genom en metafysisk diskussion om medvetandets makt över kroppen. Hon behöver förstå vad som ligger bakom tankens kraft. Om hon exempelvis förstår att blåsor kan framkallas med hypnos, vilket William James beskriver i *Principles of Psychology*, kan hon på liknande sätt förstå sinnets kraft att bota sjukdomar. Om man genom sitt tänkande kan skapa ohälsa kan man också skapa god hälsa genom sina tankar. Tankekraften har utvecklat kroppens olika delar; tanken övervakar uppkomsten av fysiska celler och kan vitalisera dem på nytt.

Självsuggestion förmår inte heller påverka en viljestark människa. Denne kan botas från sjukdom genom affirmationer som stärker viljan snarare än föreställningsförmågan. Självsuggestion är emellertid användbart för den vars temperament är övervägande känslostyrt.

---

[2] Coués psykoterapi baserades på fantasins kraft snarare än viljans. Han använde sig av formler såsom den välkända "Var dag och på alla sätt blir jag bättre och bättre", vilket skulle upprepas om och om igen när sinnet var mottagligt. Teorin var att sådana formuleringar skulle sjunka in i det undermedvetna och eliminera tankar som tenderade att orsaka oro och sjukdom.

KÄNSLANS OCH VILJANS KRAFT

Det finns en fallbeskrivning där en känslosam person som förlorat talförmågan återfick den när han flydde från en brinnande byggnad. Den plötsliga chocken som åsynen av lågor åstadkom fick honom att skrika: "Eld! Eld!" utan att han mindes att han dittills varit oförmögen att tala. En stark känsla övervann hans undermedvetna tankemönster kring sjukdomen. Med hjälp av denna historia illustreras den helande kraften i intensiv uppmärksamhet.

Under min första ångbåtsfärd från Indien till Ceylon [nuvarande Sri Lanka] greps jag plötsligt av sjösjuka och förlorade det värdefulla maginnehållet. Upplevelsen var mycket motbjudande. Den drabbade mig vid ett tillfälle när jag njöt av min första erfarenhet av ett glidande rum (min hytt) och en flytande by. Jag beslöt mig för att aldrig mer låta mig förledas på det sättet. Jag flyttade fram foten, trampade hårt på hyttgolvet och beordrade min vilja att aldrig mera godta upplevelsen av sjösjuka. Trots att jag därefter tillbringade en månad till havs på väg till Japan och tillbaka till Indien och femtio dagar från Calcutta till

Boston samt tjugosex dagar från Seattle till Alaska och åter, återkom aldrig sjösjukan.

ATT STIMULERA LIVSENERGIN

Varken vilja, fantasi, förnuft eller känslans kraft kan åstadkomma fysisk läkning på egen hand. De utgör blott olika medel som, beroende på individernas olika temperament, kan stimulera livsenergin till att bota en sjukdom. Vid exempelvis en förlamning av armen, kan livsenergin plötsligt strömma ut i de fördärvade nervvävnaderna och läka armen om viljan eller föreställningsförmågan stimuleras kontinuerligt.

Affirmationer bör upprepas bestämt och kontinuerligt så att viljan eller förnuftet alternativt känslan blir tillräckligt stark för att stimulera den passiva livsenergin och styra in den i dess normala banor. Man bör inte underskatta betydelsen av att *upprepa* och *gradvis fördjupa* sina ansträngningar.

Om man odlar är två faktorer avgörande för framgång: fröets kraft och markens lämplighet. På liknande sätt är helarens kraft och patientens mottaglighet betydelsefulla när man botar en sjukdom.

"Kraft [vilket innebär helandekraft] som hade gått ut ifrån honom" och "din tro har hjälpt dig".[3] Bibliska talesätt som dessa visar att såväl helarens kraft som den sjukas tro krävs.

Stora helbrägdagörare, människor som uppnått gudsförverkligande, botar inte slumpmässigt utan med hjälp av exakta kunskaper. Genom att helt förstå hur livsenergin hanteras, kan de rikta en stimulerande ström in i patienten vilket bringar hennes eget flöde av livsenergi i balans. När de botar kan de faktiskt se naturens psykofysiska lagar verka i den sjukes vävnad och hur helandet framkallas.

Även personer som inte har nått lika långt andligt kan hela sig själva och andra genom att visualisera och rikta flödet av livsenergi till den drabbade kroppsdelen.

Emellanåt läks fysiska, mentala eller andliga sjukdomar omedelbart. Det är när ljuset släpps in, som hela tidsåldrars samlade mörker kan skingras på ett ögonblick, inte genom att man försöker jaga bort mörkret. Det går inte att avgöra när helandet

---

[3] Markus 5:30, 34.

ska inträffa, så försök inte att bestämma en exakt tidpunkt. Det är tro och inte tid som avgör när tillfrisknandet sker. Resultaten kommer an på korrekt uppväckande av livsenergi och på det medvetna och undermedvetna tillståndet hos individen. Misstro binder livsenergin och förhindrar den gudomliga doktorn, kroppsbyggaren och mästerliga skulptören från att fullkomna sitt arbete.

Strävan och uppmärksamhet är avgörande för att uppnå den viljekraft, grad av tro eller föreställningsförmåga som krävs för att livsenergin automatiskt ska verka kurerande. Att ha en förväntan på eller begär efter resultat försvagar kraften som finns i sann tro. Om man inte använder sig av vilja eller tro kommer livsenergin att förbli slumrande eller overksam.

Det tar tid att återuppväcka en försvagad viljekraft, tro eller föreställningsförmåga hos en patient som lider av en kronisk sjukdom, eftersom tankar på sjukdom på ett subtilt sätt inpräglats i dennes hjärnceller. Liksom det kan ta lång tid att skapa en ovana av sjukdomsmedvetande, kan det kräva en viss tid att skapa en god vana av hälsomedvetande.

Om du affirmerar "jag är frisk", samtidigt som du

innerst inne inte tror att det är sant, får det samma effekt som om du tar en verkande medicin samtidigt som du tar ett annat läkemedel som motverkar medicinen. När tankarna används som medicin ska du vara uppmärksam på att inte neutralisera de rätta tankarna med felaktiga. För att bli handlingskraftig och framgångsrik måste tanken genomsyras med så mycket viljekraft att den kan bekämpa motstridiga tankar.

SANNINGEN ÄR STYRKAN I AFFIRMATIONEN

Innan tankar blir verkningsfulla måste de förstås och tillämpas på rätt sätt. Idéer upptas först i människans sinne i grov eller obearbetad form. De behöver införlivas genom djup begrundan. En tanke utan en själslig övertygelse till stöd är värdelös. Det är därför de personer som använder sig av affirmationer, utan att till fullo förstå den bakomliggande sanningen - människans oskiljaktiga enhet med Gud - uppnår klena resultat och beklagar sig över att tankarna saknar kraften att hela.

3.
ATT HELA KROPP, SINNE OCH SJÄL

෩

I SIN FÖRGÄNGLIGA FORM, är människan en treenig varelse. Hon längtar efter att bli fri från alla slags lidanden. Hennes behov är:

1. Att helas från kroppsliga sjukdomar.

2. Att helas från själsliga eller psykologiska sjukdomar såsom fruktan, vrede, dåliga vanor, tankar på misslyckande, bristande initiativförmåga eller tillit och så vidare.

3. Att helas från andliga sjukdomar som likgiltighet, brist på mening, intellektuellt högmod och dogmatism, skepticism, att nöja sig med tillvarons materiella sida och okunnighet

om livets lagar och om människans egen gudomlighet.

Det är av största vikt att lika stor uppmärksamhet läggs på att förebygga och bota alla dessa tre sjukdomstillstånd.

De flesta människor riktar uteslutande uppmärksamheten på att bota kroppslig obalans, eftersom denna är så påtaglig och uppenbar. De inser inte att deras själsliga störningar såsom oro, egoism och så vidare och deras andliga blindhet för livets gudomliga mening är de verkliga orsakerna till all mänsklig misär.

När en människa förintat mentala bakterier i form av intolerans, vrede och fruktan och befriat sin själ från okunnighet, kommer hon sannolikt inte att drabbas av fysisk sjukdom eller mentala brister.

ATT FÖREBYGGA FYSISK SJUKDOM

Att följa Guds fysiska lagar är vägen till att undvika kroppsliga sjukdomar.

Ät inte för mycket. De flesta dör på grund av glupskhet och okunnighet om de rätta kostvanorna.

Följ Guds lagar om renlighet. Den hygien som avser att hålla sinnet rent är överlägsen fysisk hygien, men den sistnämnda är också viktig och får inte försummas. Lev dock inte efter så strikta regler att minsta avvikelse från det invanda gör dig upprörd.

Förhindra kroppens förfall genom Self-Realization Fellowships övningar som lär dig att bevara fysisk energi och hur du kan tillföra kroppen en outtömlig mängd av livsenergi.

Förebygg åderförkalkning med en lämplig kost.

Skona hjärtat från överansträngning; rädsla och vrede överbelastar det. Låt hjärtat vila med Self-Realization Fellowships metod och kultivera en fridfull attityd i ditt sinne.

Om det blod som pumpas ut vid varje sammandragning av de båda hjärtkamrarna uppskattas väga hundrafemton gram, blir mängden åtta kilo på en minut. På en dag blir summan omkring tolv ton och på ett år drygt fyra tusen ton. Dessa siffror ger en föreställning om det enorma arbete som hjärtat uträttar.

Många tror att hjärtat vilar under den diastoliska fasens utvidgning, som sammanlagt uppgår till ungefär nio av dygnets tjugofyra timmar. Den tiden ger dock inte någon verklig vila; den är bara en förberedelse inför den systoliska fasen. Vibrationerna efter kamrarnas sammandragning fortplantas genom hjärtvävnaden under avslappningen varför hjärtat inte får vila.

Den energi som förbrukas dag som natt sliter givetvis på hjärtmusklerna. Om dessa muskler kunde vila skulle det följaktligen betyda mycket för att upprätthålla hälsan. Medveten kontroll av sömnen, att sova och vakna viljemässigt är en del av yogaträningen med vilken man kan påverka hjärtslagen. Den som medvetet kan styra hjärtslagen tar befälet över sin död. Den vila och förnyade energi som kroppen får genom sömnen är bara en blek återspegling av det underbara lugn och den styrka som kommer från "medveten sömn" när även hjärtat vilar.

Paulus sa i 1 Korintierbrevet 15:31 "Ty – så sant jag i Kristus Jesus, vår Herre, kan berömma mig av eder, mina bröder – *jag lider döden dag efter dag*". Detta innebär att den heliga frid som kommer med Kristusmedvetandet låter hjärtat vila eller stanna. I många avsnitt i bibeln avslöjas att de forntida profeterna kände till den betydelsefulla sanningen om hur man ger hjärtat vila genom vetenskaplig meditation eller genom ett hängivet och centrerat fokus på Gud.

En berömd fakir i Indien, Sadhu Haridas, begravdes 1837 under jord i ett kontrollerat experiment på order av Maharajah Ranjit Singh av Punjab. Yogin förblev nergrävd i fyrtio dagar i ett muromgärdat område under kontinuerlig militär bevakning. Slutligen grävdes han upp i närvaro av flera dignitärer från hovet (*durbar*), tillsammans med överste Sir C. M. Wade från London och åtskilliga andra engelsmän från trakten. Sadhu Haridas återupptog sin andning och återgick till normalt liv. I ett tidigare prov som leddes av Rajah Dhyan Singh i Jammu, Kashmir, förblev Sadhu Haridas begravd i fyra månader. Han hade bemästrat konsten att kontrollera hjärtat och att låta det vila.

ATT FÖREBYGGA MENTAL SJUKDOM

Utveckla inre frid och förtröstan på Gud. Befria sinnet från alla störande tankar och fyll det med kärlek och glädje. Inse att helandet på mental nivå är överlägset fysiskt helande. Överge dåliga vanor som gör livet eländigt.

ATT FÖREBYGGA ANDLIG SJUKDOM

Förandliga kroppen genom att förinta medvetandet om dödlighet och förändring. Kroppen är vibration som materialiserats och den bör förstås som sådan. Medvetandet om sjukdom, förfall och död måste avlägsnas genom en vetenskaplig förståelse av de underliggande lagar som förenar materia och Ande samt av Andens förvillande manifestation som materia, av det Oändliga som ändligt. Lita helt och fullt på att du är skapad till Faderns avbild och därför odödlig och fullkomlig.

Som vetenskapen har bevisat är till och med en partikel av materia eller en energivåg oförstörbar; själen eller människans innersta andliga väsen kan inte heller förstöras. Materian genomgår förändring; själen genomgår föränderliga erfarenheter. Radikala förändringar betecknas död, men döden eller en förändring av formen varken ändrar eller förstör ditt inre andliga väsen.

Olika koncentrations- och meditationstekniker lärs ut, men Self-Realization Fellowships metoder är de mest effektiva. Låt erfarenheterna av frid och jämvikt som du uppnår i koncentration och meditation bli en del av vardagslivet. Behåll jämvikten under prövande omständigheter. Ge inte vika för våldsamma känslor; stå oberörd i motgångarna.

Utvärdering av metoder som botar

Sjukdom anses i allmänhet vara ett resultat av yttre materiella orsaker. De flesta är omedvetna om att den är en konsekvens av den inre livskraftens overksamhet. När cellen eller vävnaden som transporterar livsenergin skadas allvarligt, drar sig livsenergin tillbaka och resultatet blir följaktligen obalans. Mediciner, massage och elektricitet stimulerar cellerna bara så mycket att livsenergin förmås att återvända och att återuppta sitt underhålls- och reparationsarbete.

Vi bör inte bli extrema på något sätt utan använda alla metoder för helande som är lämpliga i enlighet med individuella övertygelser. Mediciner och föda har avgjort en kemisk påverkan på blodet och vävnaderna. Hur skulle den som äter mat kunna förneka att även mediciner och andra materiella hjälpmedel har en effekt på kroppen? De är nyttiga så länge som det materiella medvetandet dominerar hos människan. Dock har de sina begränsningar genom att de tillförs utifrån. De bästa metoderna är de som hjälper livsenergin att återuppta sina inre helande verksamheter.

Mediciner kan hjälpa blodet och vävnaderna på kemisk väg. Elektriska apparater kan också vara till nytta. Men varken mediciner eller elektricitet kan bota sjukdom; de kan bara stimulera livsenergin eller förmå den att återvända till den försummade kroppsdelen. Att införa ett främmande element – det kan vara medicin eller elektricitet eller någon annan förmedlande hjälp – är inte önskvärt om vi kan använda livskraften direkt.

Guds lagar tillämpade på det materiella

Salvor kan vara användbara mot klåda, sår, skärskador och så vidare. Den som bryter en arm eller ett ben behöver inte besvära livsenergin med att förena bendelarna när en kirurg (ett Guds barn och som sådant i stånd att tjäna som Hans instrument) kan lägga dem tillrätta genom sin skicklighet och kännedom om Guds lagar tillämpade på det materiella. Den som

omedelbart kan läka sina brutna ben med mental kraft
må göra det, men det vore oklokt att vänta tills man
uppnått den förmågan.

Genom fasta, massage, osteopati, kiropraktisk
justering av kotorna, yogaställningar och så vidare kan
trycket i nerver eller kotor avlägsnas eller reduceras.
På så sätt tillåts livsenergin att flöda fritt.

ATT FÅ MAKT ÖVER LIVSENERGIN

Å andra sidan är helande av sinnet överlägset alla
metoder för fysiskt helande eftersom viljan, föreställ-
ningsförmågan, tron och förnuftet är medvetandetill-
stånd som påtagligt och direkt agerar inifrån. De ska-
par den drivkraft som stimulerar och styr livsenergin
att utföra varje bestämd uppgift.

Självsuggestion och olika affirmationer är använd-
bara för att stimulera livsenergin. Men de ger inte
alltid önskat resultat. Anledningen är att utövaren
ofta använder dessa rent psykologiska metoder utan
att medvetet arbeta med livsenergin och därför miss-
lyckas med att etablera en fysiologisk förbindelse. En
behandling är framgångsrik om psykofysiska tekniker

kombineras med viljekraft, tro och förnuft för att styra livsenergin och att nå det övermedvetna sinnet. I det lycksaliga tillståndet av Verklighet kan man omfatta och förstå den oskiljaktiga enheten mellan materia och Ande och alla problem med obalanser försvinner.

Self-Realizations undervisning ger ett *modus operandi* att tygla viljan till att styra den vibrerande livsenergins rörelse till vilken kroppsdel som helst. Med denna metod upplever individen tydligt det inre flödet av den kosmiska, vibrerande kraften.

4.

SKAPELSENS NATUR

֎

MATERIA EXISTERAR INTE på det sätt som vi vanligtvis föreställer oss; men icke desto mindre finns den i form av en kosmisk illusion. För att skingra bländverket krävs en bestämd metod. Du kan inte bota en drogberoende på ett ögonblick. Det materiella medvetandet behärskar människan genom illusionens lag och hon kan inte slå sig fri på annat sätt än genom att lära sig den motsatta lagen, sanningens lag, och att följa den istället.

Ande blir materia genom en serie av förkroppsligande processer; på detta sätt framträder materien ur Anden och kan därför inte skiljas från sitt ursprung. Materia är ett ofullständigt uttryck för Ande; det Oändliga uppträder som ändligt, det Obegränsade som begränsat. Men

eftersom materia bara är Ande i en förvillande manifest-
ation, har materia ingen existens i sig själv.

MEDVETANDE OCH MATERIA

Vid skapelsens början projicerade den hittills icke
manifesterade Anden ut två naturer – den ena var
medvetande, och den andra var materia. Dessa är
Andens två vibrerande uttryck. Medvetande utgör en
subtilare och materia en grövre vibration av den enda,
transcendentala Anden.

Medvetande är Dess subjektiva aspekt och materia
är vibrationen av Dess objektiva aspekt. Ande, i form
av Kosmiskt medvetande, är potentiellt närvarande i
den objektiva vibrerande materien. Den manifesterar
sig subjektivt som medvetande i skapelsens alla for-
mer och når sitt högsta uttryck i det mänskliga sinnet
med dess oräkneliga förgreningar av tankar, känslor,
vilja och fantasi.

Skillnaden mellan materia och Ande är vibra-
tionshastigheten – en gradskillnad, inte en artskillnad.
Denna punkt kan förstås bättre av följande exem-
pel. Trots att alla vibrationer är kvalitativt lika, är

vibrationer mellan 16 och 20 000 svängningar per sekund hörbara för det mänskliga örat, medan vibrationer under 16 eller över 20 000 vanligtvis är ohörbara. Det finns ingen väsentlig skillnad mellan hörbara och ohörbara vibrationer, men en relativ skillnad finns.

Genom *maya,* den kosmiska illusionen, har Skaparen fått de olika formerna av materia att verka så distinkta och specifika att de för det mänskliga sinnet tycks sakna all anknytning med Anden.

TANKEN ÄR DEN MEST SUBTILA VIBRATIONEN

Inuti kroppens grova vibration existerar en finare vibration som är livsenergi eller den kosmiska strömmen. Den mest subtila vibrationen är medvetandet, vilket genomsyrar både kropp och livsenergi.

Medvetandets vibrationer är så subtila att de inte kan registreras med hjälp av materiella instrument; enbart medvetandet kan förstå medvetandet. Mänskliga varelser uppfattar de otaliga vibrationer av medvetande som kommer från andra mänskliga varelser i form av ord, handlingar, utseende, gester, tystnad, förhållningssätt och så vidare.

Varje människa präglas av det egna medvetande-
tillståndets vibratoriska signatur och utövar ett ka-
rakteristiskt inflytande på personer och föremål. Ett
rum genomsyras exempelvis av tankevibrationerna
från personen som bor där, vibrationer som tydligt
kan uppfattas av andra personer om dessa har den
känslighet som krävs.

Människans ego (hennes känsla av ett jag; den för-
vrängda, dödliga återspeglingen av den odödliga själen)
varseblir medvetandet direkt; och uppfattar materien
(människokroppen och alla andra föremål i skapelsen)
indirekt genom psykiska processer och sinnenas var-
seblivning. Med andra ord är egot alltid medvetet om
dess medvetande men inte om materien, inte ens om
den kropp det bor i, förrän det börjar reflektera över
det. En person som fokuserar intensivt på något är
således medveten om sitt sinne men inte om sin kropp.

MÄNNISKANS UPPLEVELSER I
DRÖMTILLSTÅNDET

Alla de erfarenheter människan kan ha i sitt
vakna tillstånd kan upprepas i hennes medvetandes

drömtillstånd. I drömtillståndet kan människan upp-
leva hur hon glatt vandrar omkring i en förtjusande
trädgård för att sedan upptäcka en väns döda kropp.
Hon blir sorgsen och gråter, plågas av huvudvärk
och ett bultande hjärta. Kanske blåser det plöts-
ligt upp och börjar regna och hon blir våt och kall.
Sedan vaknar hon upp och skrattar åt sina illusoriska
drömupplevelser.

Vad är skillnaden mellan upplevelserna hos en
människa som drömmer (upplevelser av *materia* som
de framträder i hennes och hennes väns kroppar, träd-
gården och så vidare tillsammans med upplevelserna
av *medvetande* som de framträder i hennes känslor
av glädje och sorg) och upplevelserna hos samma
person i vaket tillstånd? Vetskapen om materia och
medvetande är närvarande i båda fallen.

Människan är kapabel att skapa såväl materia som
medvetande i en illusorisk drömvärld. Därför borde
hon enkelt kunna förstå att Anden skapat en dröm-
värld av "liv" eller medveten tillvaro åt henne med
hjälp av *maya*-kraften, en värld som i grunden är lika
falsk (då denna värld är flyktig, i ständig förändring)
som människans upplevelser i drömtillståndet.

MAYA ELLER KOSMISK ILLUSION

Fenomenvärlden verkar under *maya,* lagen om dualism eller motsatta tillstånd; det är följaktligen en overklig värld som skymmer sanningen om den Gudomliga Enheten och Oföränderligheten. I sitt dödliga tillstånd drömmer människan om dualism och kontraster såsom liv och död, hälsa och ohälsa, glädje och sorg; men när hon vaknar till själsmedvetande försvinner all dualism och hon känner igen sig själv som den eviga och lycksaliga Anden.

BEHOVEN HOS EN MÄNSKLIGHET SOM GÅTT VILSE

För en vilsegången mänsklighet är det viktigt att få såväl medicinsk som själslig hjälp. Onekligen är sinnet överlägset materiella hjälpmedel, men den mer begränsade läkande förmågan hos föda, örter och mediciner kan inte heller förnekas. Den som använder psykiska metoder har ingen anledning att se ned på alla fysiska system för bot, eftersom de sistnämnda är resultatet av forskning kring Guds materiella lagar.

Så länge människan har ett materiellt medvetande om sin kropp kan hon inte helt avstå från mediciner; men så snart hennes förståelse för kroppens immateriella ursprung ökar, försvinner hennes tro på mediciners läkande kraft. Då inser hon att alla sjukdomar har sina rötter i sinnet.

"VISDOM ÄR DEN FRÄMSTA RENGÖRAREN"

Min mästare, Swami Sri Yukteswarji, påstod aldrig att det var meningslöst att använda mediciner; ändå tränade och utvidgade han många av sina lärjungars medvetande så, att de endast behövde sinnets kraft för att bota sina sjukdomar. Han sa ofta: "Visdom är den främsta rengöraren."

Det finns människor såväl i Öst som i Väst, som fanatiskt förnekar materians existens medan de är så försjunkna i kroppsmedvetande att de känner sig utsvultna om de går miste om en måltid.

Det tillstånd av förverkligande då kropp och sinne, liv och död, sjukdom och hälsa alla framstår som *lika illusoriska* är det enda tillstånd där vi sanningsenligt kan hävda att vi inte tror på materians existens.

MÄNSKLIGT OCH GUDOMLIGT MEDVETANDE

Genom *maya* och dess konsekvens i form av människans okunskap om sin själ, isoleras det mänskliga medvetandet från det Kosmiska medvetandet. Det mänskliga sinnet är underkastat förändring och begränsning, men det Kosmiska medvetandet är fritt från alla begränsningar och involveras aldrig i upplevelser av dualism (död och liv, sjukdom och hälsa, flyktig sorg och flyktig glädje och så vidare). I det Gudomliga Sinnet finns en ständigt närvarande varseblivning av Lycksalighet.

Att studera, affirmera, öva koncentration och meditera utgör stegen för att befria det mänskliga medvetandet så att uppmärksamheten vänds från den grova kroppens vibrationer, med dess ändlösa skiftningar av tankar och känslor, till att uppleva de mer subtila och stabila vibrationerna av livsenergi och högre mentala tillstånd.

TILLIT TILL DEN INRE GUDOMLIGA KRAFTEN

Personer med ett starkt materiellt medvetande, dvs. de som brukar föreställa sig den fysiska kroppen som sitt "jag", behöver gradvis avledas från beroendet av mediciner och andra yttre hjälpmedel och lära sig att i allt högre grad förlita sig på den inre Gudomliga kraften.

Del 2

TILLÄMPNINGAR

5
AFFIRMATIONSTEKNIK

∽

FÖRBEREDANDE INSTRUKTIONER

1. Sitt med ansiktet mot norr eller öster. En stol utan armstöd som täckts av en yllefilt är att föredra. Tyget tjänar som isolering mot magnetiska jordströmmar som har en benägenhet att hålla fast sinnet vid materiella varseblivningar. (Se sidorna 44 och 45.)

2. Slut ögonen och koncentrera dig på *medulla oblongata* eller förlängda märgen (i nacken), om inte annat anges. Håll ryggen rak, sträck på bröstkorgen och dra in magen. Ta ett djupt

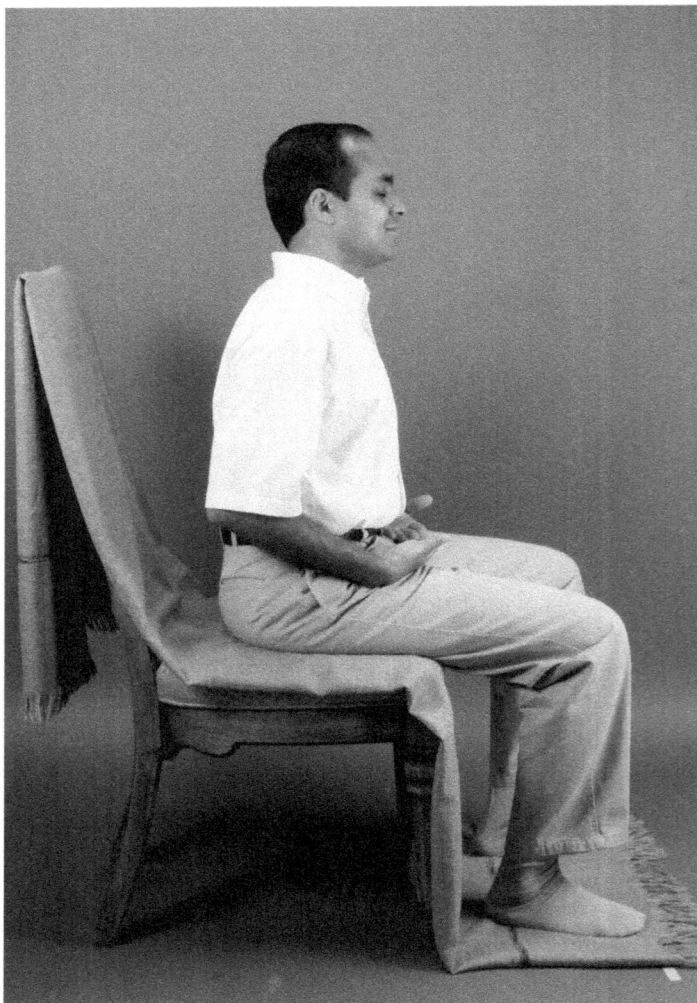

Meditationsställning: Sittande på stol

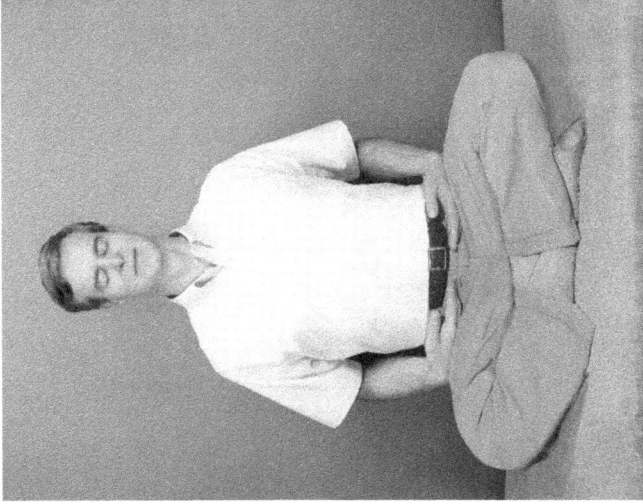

Meditationsställningar: lotusställning (*vänster*) och enkel position med korslagda ben

andetag och andas ut, upprepa tre gånger.

3. Slappna av kroppen och håll den still. Töm sinnet på alla oroliga tankar och dra bort dess uppmärksamhet från kroppsintryck i form av värme och kyla, ljud och så vidare.

4. Fundera inte över vilket speciellt slag av helande du behöver.

5. Släpp ängslan, misstro och oro. Inse lugnt och förtroendefullt att den Gudomliga lagen verkar och är allsmäktig. Ge inte efter för tvivel. Tro och koncentration tillåter lagen att verka obehindrat. Håll fast vid tanken att alla kroppstillstånd är föränderliga och möjliga att bota samt att föreställningen om kronisk sjukdom är en illusion.

Tid: Affirmera omedelbart på morgonen eller under perioden av halvslummer som föregår nattsömnen. Grupper kan samlas när det passar deltagarna.

Plats: En så fridfull miljö som möjligt. Om mötet måste hållas på en bullrig plats, ignorera oväsendet och ge hängiven uppmärksamhet till övningen.

Metod: Innan du börjar affirmera ska du alltid

befria sinnet från bekymmer och rastlöshet. Välj din affirmation och upprepa den i sin helhet, först högt och därefter tyst och långsammare tills rösten övergår i en viskning. Sedan ska du gradvis affirmera enbart i tankarna utan att röra läppar eller tunga tills du upplever en djup, obruten koncentration – inte i form av medvetslöshet utan som en djup kontinuitet av obruten tanke.

Fortsätter du med din mentala affirmation och går ännu djupare, kommer du att känna en tilltagande glädje och frid. I ett tillstånd av djup koncentration förenas affirmationen med den undermedvetna strömmen och återkommer senare med förnyad kraft för att påverka det medvetna sinnet genom vanans makt.

Samtidigt som du upplever en tilltagande frid tränger affirmationen allt djupare, når den övermedvetna regionen och återvänder senare med obegränsad kraft att påverka det medvetna sinnet och även att uppfylla dina önskningar. Tvivla inte och du ska bevittna det mirakel som denna vetenskapliga tro innebär.

Under gruppaffirmationer med målsättningen att bota fysiska och själsliga sjukdomar hos dig själv eller andra, ska deltagarna bemöda sig om att affirmera

med ett jämnt tonläge, en jämn sinneskraft, en jämn
koncentration och en jämn känsla av tro och frid.

Ett okoncentrerat sinne försvagar den förenade
kraften som uppkommer ur affirmationer och kan till
och med avleda denna flod av kraft från sin övermed-
vetna destination. Därför får ingen utföra kroppsrörel-
ser eller bli orolig i sinnet. För ett lyckat resultat krävs
att alla gruppmedlemmar uppvisar koncentration.

I gruppaffirmationer ska ledaren läsa affirmatio-
nerna rytmiskt. Sedan ska deltagarna upprepa samma
ord med samma rytm och intonation.

DESSA AFFIRMATIONER ÄR SJÄLSINSPIRERADE

Affirmationerna i denna bok bär frön som ge-
nomsyrats med själslig inspiration. Plantera dem i
en jord av övermedveten frid och vattna med tro och
koncentration så uppstår inre spontana vibrationer
som hjälper fröna att gro.

Det är många processer involverade från det
att affirmationens frö har såtts till dess att det bär
frukt. Alla villkor för dess växt måste uppfyllas för att

åstadkomma det önskade resultatet. Affirmationsfröet måste vara levande, fritt från brister i form av tvivel, rastlöshet eller ouppmärksamhet. Det ska planteras i sinnet och hjärtat med koncentration, hängivenhet och frid samt vattnas med djup, uppfriskande upprepning och gränslös tro.

Undvik alltid mekanisk upprepning. Denna andemening återfinns i den bibliska uppmaningen: "Du skall icke missbruka HERRENS, din Guds namn." [1] Upprepa affirmationerna med fasthet, intensitet och uppriktighet tills en befallning, en stark inre kallelse är tillräcklig för att förändra kroppscellerna och förmå själen att utföra underverk.

DEN HÄNGIVNA SÅNGENS GRADVISA STADIER

Låt oss påminna om att affirmationerna ska uttalas med den rätta, ljudliga intonationen, sjunka till en viskning, och framför allt utföras med uppmärksamhet och hängivenhet. Genom en övertygelse att affirmationerna är sanna och effektiva, leds tankarna

[1] Andra Mosebok 20:7

från hörselorganet till det medvetna sinnets förståelse och vidare till det undermedvetna eller automatiska sinnet för att slutligen utmynna i det övermedvetna sinnet. De som tror kommer att botas genom dessa affirmationer.

Hängiven recitativ sång har fem utvecklingssteg: medveten ljudlig sång, viskande sång, mental sång, undermedveten sång och övermedveten sång.

AUM ELLER AMEN, DET KOSMISKA LJUDET

Undermedveten sång blir oavbruten och automatisk. Övermedveten sång uppstår när den djupa, inre sångens vibrationer förvandlas till insikt och befästs i det medvetna, undermedvetna och övermedvetna sinnet. Om uppmärksamheten oavbrutet fokuseras på den sanna Kosmiska vibrationen (*Aum* eller Amen) och inte på ett inbillat ljud blir resultatet övermedveten sång.

När du övergår från en nivå av sång till en annan ska sinnets inställning förändras och bli allt djupare och mera koncentrerad. Målet är att förena sångaren, sången och själva framförandet till ett. Sinnet ska gå in i det djupaste tillståndet av medvetande. Inte i medvetslöshet, ett frånvarande sinnestillstånd eller sömn utan ett tillstånd av sådan fokuserad koncentration att alla tankar sjunker in i och förenas med den enda centrala tanken, likt partiklar som dras till en oemotståndlig magnet.

TRE FYSIOLOGISKA CENTRA

Vid viljebaserade affirmationer ska uppmärksamheten koncentreras på punkten mellan ögonbrynen; vid tankeaffirmationer centreras den på *medulla oblongata* eller förlängda märgen[2] och vid hängivenhetsaffirmationer på hjärtat. Vid lämpliga tillfällen fokuserar människan automatiskt sitt sinne på något av dessa fysiologiska centra. Till exempel vid olika känslotillstånd, känner hon uteslutande hjärtcentret

---

[2] *Medulla oblongata* eller förlängda märgen och punkten mellan ögonbrynen är i själva verket de positiva och negativa polerna för den intelligenta livskraftens fokus. Paramahansaji instruerade ibland hängivna att koncentrera sig på punkten mellan ögonbrynen och ibland på förlängda märgen, men de två är ett genom polaritet. När blicken centraliseras med lugn koncentration på punkten mellan ögonbrynen går strömmen från båda ögonen först till denna punkt i pannan och därifrån till förlängda märgen. Det enda, astrala ögat av ljus uppträder då i pannan där det reflekteras från förlängda märgen.

och inte de andra kroppsdelarna. Genom att prakti-sera affirmationer uppnår du förmågan att medvetet styra uppmärksamheten till viljans, tankens och käns-lans vitala källor.

Absolut, orubblig förtröstan på Gud är den mest effektiva metoden för omedelbart helande. En ständig strävan att väcka den tron är människans högsta och mest givande uppgift.

6

Vetenskapliga helande affirmationer

～

DEN ENSKILDA HÄNGIVNA eller gruppledaren som använder affirmationerna i denna bok kan antingen läsa en hel affirmation utan uppehåll, eller stanna upp och repetera de rader som önskas.

Affirmationer för allmänt helande

På varje altare av känsla,
Tanke och vilja,
Sitter Du,
Sitter Du.

Du är all känsla, vilja och tanke.
Du leder dem;
Låt dem följa, låt dem följa,
Låt dem bli såsom Du är.

I medvetandets tempel
Fanns ljuset – Ditt ljus.
Jag såg det inte; nu ser jag.
Templet är ljust, templet är helt.
Jag sov och drömde att templet föll sönder
Av fruktan, oro, okunnighet.
Jag sov och drömde att templet föll sönder
Av fruktan, oro, okunnighet.
Du har väckt mig,
Du har väckt mig.
Ditt tempel är helt,
Ditt tempel är helt.

Jag vill tillbe Dig,
Jag vill tillbe Dig.
I hjärtat, i stjärnan,
I kroppscellen älskar jag Dig;
I elektronen leker jag med Dig.
Jag önskar tillbe Dig

I kroppen, stjärnan, stjärnstoftet, nebulosan.
Du finns överallt; överallt
tillber jag Dig.

Din himmelska vilja
Liksom min mänskliga vilja
Strålar, strålar
I mig, i mig, i mig, i mig.
Jag ska önska, jag ska vilja,
Jag ska arbeta, jag ska öva,
Inte vägledd av egot, utan av Dig,
Av Dig, bara Dig.
Jag ska arbeta och utöva min vilja;
Men ladda min vilja
Med Din egen vilja, med Din egen vilja.

Gör oss till små barn, O Fader,
Såsom Ditt rike uppfylls av sådana.
Din kärlek i oss är fulländning.
Såsom Du är hel, så är vi hela.
I kroppen och sinnet är vi friska,
Såsom Du, såsom Du.
Du är fullkomlig.
Vi är Dina barn.

Du är överallt;
Varhelst Du är där finns fulländning.
Du sitter på varje cells altare,
Du finns i min kropps alla celler.
De är hela; de är fullkomliga.
De är hela; de är fullkomliga.
Låt mig känna att Du är där
I dem alla, i dem alla;
Låt mig känna att Du är där
I alla och envar, i alla och envar.

Livet i mitt liv, Du är hel.
Du finns överallt:
I mitt hjärta, i min hjärna,
I mina ögon, i mitt ansikte,
I mina lemmar och allt.

Du får mina fötter att röra sig.
De är hela, de är hela.
Mina vader och lår
Är hela, är hela, ty Du är där.
Mina lår upprätthålls av Dig
Så att jag inte faller, inte faller.
De är hela, ty Du är där.

De är hela, ty Du är där.

Du är i mitt svalg;
Min slemhinna, min buk,
De glänser av Dig.
De är hela, ty Du är där.
I min ryggrad gnistrar Du.
Den är hel, den är hel.

I mina nerver flödar Du.
De är hela, de är hela.
I mina vener och artärer
Flyter Du, flyter Du.
De är hela, de är hela.
Du är eld i min mage,
Du är eld i mina inälvor,
De är hela, de är hela.

Såsom Du är min egen
Så är jag Din egen.
Du är fullkomlig.
Du är jag, Du är jag.
Du är min hjärna.
Den lyser, den är hel,

Den är hel, den är hel, den är hel.

Låt min fantasi flöda fritt,
Låt min fantasi flöda fritt.
Sjuk är jag när jag tror det.
Frisk är jag när jag tror det.
Varje timme, O varje dag
I kroppen, i sinnet, på alla sätt
Är jag hel, är jag frisk.
Är jag hel, är jag frisk.

Jag hade en dröm att jag var sjuk;
Jag vaknade och skrattade när jag upptäckte mig
    alltjämt
Daggbestänkt av tårar,
Men glädjetårar, inte sorgetårar;
Av upptäckten att jag drömt om sjukdom,
Ty jag är hel, jag är hel.

Låt mig känna,
Din kärleksfulla beröring, din kärleksfulla beröring
Du är min Fader,
Jag är Ditt barn.
God eller elak,

Är jag Ditt barn.
Låt mig känna Dina vederkvickande ilningar;
Låt mig känna Din vishets vilja.
Låt mig känna Din vishets vilja.

KORTA AFFIRMATIONER

Fulländade Fader, Ditt ljus flödar genom Kristus, genom alla religioners helgon, genom Indiens mästare och genom mig. Detta gudomliga ljus är närvarande i kroppens alla delar. Jag är frisk.

O, Medvetna Kosmiska Energi, Ditt liv är mitt. Fast, flytande och gasformig föda omvandlas och förandligas av Dig till energi för att upprätthålla min kropp.

Jag förnyas och stärks av Din livgivande energi.

Andens helande kraft strömmar genom alla mina kroppsceller. Jag är gjord av den enda universella substansen, Guds substans.

Fader, Du är i mig; jag är frisk.

Din kraft rör sig genom mig. Min mage är frisk, ty Ditt helande ljus är där.

Jag inser att min sjukdom är resultatet av att jag brutit mot hälsans lagar. Jag ska omintetgöra det onda genom att äta rätt, träna och tänka rätt.

Himmelske Fader, Du är närvarande i varje atom, varje cell, varje liten kroppsdel, varje partikel i nerverna, hjärnan och vävnaderna. Jag är frisk, ty Du är i alla mina kroppsdelar.

Guds fullkomliga hälsa genomtränger min kroppsliga sjukdoms mörka vrår. I alla mina celler strålar Hans helande ljus. De är fullständigt friska, ty Hans fulländning finns i dem.

AFFIRMATION GENOM TANKENS MAKT

Fokusera dina tankar på pannan och upprepa följande:

Jag tänker att mitt liv strömmar,
Jag vet att mitt liv strömmar,
Från hjärnan till hela min kropp strömmar det.
Ljusstråk skjuter
Genom min vävnads rötter.
Livsfloden i kotorna

Väller genom ryggraden, fradgande och
    skummande;
De små cellerna dricker;
Alla deras små munnar strålar;
De små cellerna dricker;
Alla deras små munnar strålar.

KORTA AFFIRMATIONER

Himmelske Fader, Du är för alltid min. I allt som
är gott dyrkar jag Din närvaro. Genom alla rena tan-
kars fönster skådar jag Din godhet.

O Fader, Din obegränsade, allt helande makt finns
i mig. Manifestera Ditt ljus genom min okunskaps
mörker. Varhelst detta helande ljus än är närvarande,
finns det fullkomlighet. Därför är fullkomligheten i
mig.

Himmelske Fader, Du är all känsla, vilja och tanke.
Led Du min känsla, vilja och tanke; låt dem följa, låt
dem bli som Du är.

Mina drömmar om fullkomlighet är broarna som
bär mig till riket av rena idéer.

Dagligen ska jag söka lyckan allt mer inom mitt sinne och allt mindre genom världsliga nöjen.

Gud är mina rastlösa tankars herde. Han ska leda dem till Sin frids boning.

Jag ska rena mitt sinne genom tanken att Gud vägleder alla mina handlingar.

FÖRNUFTETS RÄTTA VÄGLEDNING

Följ rekommendationerna som presenteras nedan för att stimulera rätt tänkesätt och mental aktivitet:

1. Läs bra böcker och tillägna dig deras budskap omsorgsfullt.

2. Efter att ha läst i en timme ska du skriva i två timmar och reflektera i tre timmar. Detta förhållande ska iakttas för att odla förnuftets kraft.

3. Sysselsätt tankarna med inspirerande idéer. Ödsla inte tid på negativt tänkande.

4. Anta den bästa livsplan som du kan formulera genom att använda förnuftet.

5. Stärk din förmåga till logiskt tänkande genom att studera de sinnets lagar vars huvuddrag återfinns i Self-Realization Fellowships läror.

6. Uttala affirmationerna i denna bok med kraft från själen så utvecklar du din sinnesförmåga. Psykologer från både förr och nu har visat att människans inneboende intelligens har förmågan till oändlig expansion.

7. Följ de fysiska, sociala och moraliska lagarna. Genom att tro att dessa lagar styrs av en överordnad, andlig lag, kommer du så småningom att överskrida alla de lägre lagarna och ledas helt och fullt av denna andliga lag.

Affirmation genom viljekraft

Koncentrera samtidigt viljan på *medulla oblongata* (förlängda märgen) och på punkten mellan ögonbrynen och upprepa följande – först högt och sedan gradvis allt tystare tills det övergår i en viskning:

Jag vill att livskraften laddas –
Med Gudomlig vilja vill jag att den ska laddas -

Genom alla mina nerver och muskler,
Mina vävnader, lemmar och allt,
Med vibrerande, sprakande eld,
Med brinnande, glädjefylld kraft.
I blodet och körtlarna,
Med en enväldig befallning,
Bjuder jag dig att flöda
Med min befallning
Bjuder jag dig att glöda.
Med min befallning
Bjuder jag dig att glöda.

AFFIRMATIONER FÖR VISHET

Koncentrera på området under hjässan och
känn där hjärnans närvaro.

I vishetens kammare
Strövar du.
Du är förnuftet i mig.
O, Du strövar och väcker
Varje liten, lättjefull hjärncell
Att ta emot, att ta emot
Det goda som tanken och känslan ger

Kunskapen som Du ger.

Jag ska tänka, jag ska resonera;
Jag vill inte besvära Dig för att tänka rätt
Men led Du mig när förnuftet går vilse;
Led det till sitt rätta mål.

෴

O Himmelske Fader, O Kosmiska Moder,
O min Mästare, O Gudomlige Vän!
Ensam kom jag, ensam går jag;
    Ensam med Dig, ensam med Dig.
    Ensam med Dig, ensam med Dig.
O, Du beredde ett hem för mig
Av levande celler, ett hem för mig.
Detta mitt hem är Ditt hem;
Ditt liv beredde detta hem;
Din styrka beredde detta hem.
Ditt hem är fulländat, Ditt hem är fulländat.

Jag är Ditt barn, Du är min Fader;
Båda vistas vi, båda vistas vi
I samma tempel,

Detta tempel av celler,

O, i detta tempel av celler.

Du är alltid här,

O, på mitt dunkande altare nära.

Jag gick min väg, jag gick min väg;

Att leka med mörkret, att leka med misstagen.

Som ett lättjefullt barn gick jag min väg.

Hem kom jag i mörka skuggor,

Hem kom jag med materians gyttjiga märken.

Du är nära; jag kan inte se.

Ditt hem är fulländat; jag kan inte se.

Jag är blind; Ditt ljus är där.

Mitt fel är det att jag inte kan se.

O, mitt fel är det att jag inte kan se.

Bortom mörkrets gräns

    Där strålar Ditt ljus;

    Där strålar Ditt ljus.

Tillsammans kan ljus och mörker

Inte vara, inte vara.

Tillsammans kan vishet och okunnighet

Inte vara, inte vara.

Besvärj det att gå, o, locka det bort,

Mörkret ska fara,
Mitt mörker ska fara.

Mina kroppsceller är gjorda av ljus,
Mina köttsliga celler är gjorda av Dig.
De är fullkomliga, ty Du är fullkomlig.
De är friska, ty Du är hälsa.
De är Ande, ty Du är Ande.
De är odödliga, ty Du är Liv.

KORTA AFFIRMATIONER

Himmelske Fader, Ditt kosmiska liv och jag är ett.
Du är oceanen, jag är vågen; vi är ett.

Jag kräver min gudomliga födslorätt, för jag inser
intuitivt att all vishet och kraft redan finns i min själ.

Gud är strax bakom mitt förnuft, i dag och varje
dag och leder mig att alltid göra det rätta.

Gud lever i människans Jag och är det enda Livet
i hela universum.

Jag är dränkt i evigt ljus. Det genomtränger var-
enda partikel av min varelse. Jag lever i det ljuset.

Den Gudomliga Anden fyller mig inuti och omsluter mig utanpå.

Gud är inuti och runtomkring mig och beskyddar mig, så jag ska förvisa rädslan som stänger ute Hans vägledande ljus.

Jag äger fulländad frid och balans i dag, då jag koncentrerar all min viljekraft och förmåga på att uttrycka den gudomliga viljan.

DE UNDERMEDVETNA, MEDVETNA OCH ÖVERMEDVETNA LAGARNA FÖR MATERIELL FRAMGÅNG

Framgång kommer av att rätta sig efter de gudomliga och materiella lagarna. Såväl materiell som andlig framgång ska eftersträvas. Materiell framgång består av att säkerställa livets nödtorft.

Ambitionen att tjäna pengar måste inbegripa en önskan att hjälpa andra. Förvärva så mycket pengar du kan genom att på något sätt förbättra ditt samhälle eller land eller världen, men sök inte finansiell vinst genom att handla mot andras intressen.

Det finns undermedvetna, medvetna och övermedvetna lagar för materiell framgång och för att övervinna misslyckandets tankemönster.

Den undermedvetna lagen för framgång följs genom att intensivt och uppmärksamt upprepa affirmationer omedelbart före och efter sömnen. Tvivla inte. När du försöker att uppnå något rättfärdigt mål ska du förkasta tanken på misslyckande eftersom du är ett Guds barn, tro på att du har tillgång till alla ting som tillhör Honom.

Okunnighet och misstro vad gäller denna lag har berövat människan hennes odödliga arv. För att använda det gudomliga förrådets resurser bör de undermedvetna fröna av felaktiga tankar förgöras genom ett stadigt upprepande av affirmationer som är mättade med oändlig tillit.

Den medvetna lagen om framgång är att planera och handla intelligent och hela tiden känna att Gud hjälper dig både i planeringen och i det oförtröttliga, hårda arbetet.

Den övermedvetna lagen om framgång aktiveras genom människans böner och hennes förståelse för

Herrens allmakt. Sluta inte med de medvetna an-
strängningarna och lita inte helt på dina egna, natur-
liga förmågor utan be om gudomlig hjälp i allt du gör.

När dessa undermedvetna, medvetna och över-
medvetna metoder förenas är framgången säker. Försök
igen, hur många gånger du än har misslyckats tidigare.

AFFIRMATION FÖR MATERIELL FRAMGÅNG

Du är min Fader:
Framgång och glädje.
Jag är Ditt barn:
Framgång och glädje.

All jordens överflöd,
Alla universums rikedomar,
Tillhör Dig, tillhör Dig.
Jag är Ditt barn;
Jordens och universums rikedomar
Tillhör mig, tillhör mig,
O, tillhör mig, tillhör mig.

Jag levde i tankar på fattigdom

Och inbillade mig felaktigt att jag var fattig,
Så jag blev fattig.
Nu är jag hemma. Ditt medvetande
Har gjort mig förmögen, har gjort mig rik.
Jag är framgångsrik, jag är rik;

Du är min Skatt,
Jag är rik, jag är rik.
Du är allt, Du är allt.
Du är min.
Jag har allt, jag har allt;
Jag är förmögen, jag är rik.
Jag har allt, jag har allt;
Jag äger allt och allting,
Liksom Du, liksom Du
Äger jag allting, äger jag allting.
Du är mitt Välstånd,
Jag har allting.

KORTA AFFIRMATIONER

Jag vet att Guds makt är oändlig; precis som jag är gjord till Hans avbild har även jag styrkan att besegra alla hinder.

Jag äger Andens skaparkraft. Den Oändliga Intelligensen ska leda mig och lösa alla problem.

Gud är min egen, outtömliga Gudomliga bank. Jag är alltid rik, ty jag har tillgång till det Kosmiska Förrådet.

Jag ska fortsätta vägen fram i fullkomlig tillit till att makten hos det Allsmäktigt Goda kommer att ge mig det jag behöver när jag behöver det.

Det gudomliga välståndets solljus har just brutit igenom mina begränsningars mörka himmel. Jag är Guds barn. Det Han har, har även jag.

AVLÄGSNA SJÄLENS OKUNNIGHET

Andlig framgång uppnås genom att medvetet ställa in sig på samma våglängd som det Kosmiska Sinnet och hålla fast vid friden och balansen, oavsett vad som än inträffar i livet i form av närståendes dödsfall eller andra förluster. När du skiljs från en älskad genom Naturens lag bör du inte sörja. I stället ska du ödmjukt tacka Gud för den tid Han gav dig privilegiet att vårda, bli vän med och ta hand om ett av Hans barn.

Andlig framgång kommer av att förstå livets mysterium och se på alla ting glatt och modigt med insikten om att händelser utvecklas enligt en underbar, gudomlig plan.

För okunnighetens sjukdom är kunskap det enda botemedlet.

AFFIRMATIONER FÖR ANDLIG FRAMGÅNG

Du är Visdom,
Och Du känner
Alla tings orsak och ändamål.

Jag är Ditt barn;
Jag vill veta
Livets verkliga mysterium,
Livets sanna, glädjefyllda plikt.

Din visdom inom mig ska visa
Alla ting som Du vet,
Som Du vet

KORTA AFFIRMATIONER

Himmelske Fader, min röst skapades för att sjunga Ditt lov. Mitt hjärta skapades för att besvara endast Ditt anrop. Min själ skapades till en kanal, genom vilken Din kärlek oupphörligt kan strömma till alla törstande själar.

Din kärleks makt korsfäster alla mina tankar av tvivel och fruktan så att jag kan triumfera över döden och stiga upp till Dig på vingar av ljus.

Jag slappnar av och kastar av mig alla själsliga bördor och tillåter Gud att uttrycka Sin fulländade kärlek, frid och vishet genom mig.

Min Himmelske Fader är kärlek. Jag är gjord till Hans avbild.

Jag är den sfär av kärlek i vilken alla planeter, alla stjärnor, alla varelser och hela skapelsen gnistrar. Jag är kärleken som genomsyrar hela universum.

Såsom jag utstrålar kärlek och välvilja mot andra ska jag öppna kanalen för Guds kärlek att komma till mig. Gudomlig kärlek är magneten som drar allt det goda till mig.

Först när Gud har lånat mig makt att agera, kan jag utföra mina plikter. Därför är min främsta önskan att behaga Honom. Mitt hjärtas främsta kärlek, min själs främsta strävan, min viljas och mitt förnufts främsta mål är Gud allena.

AFFIRMATION FÖR PSYKOLOGISK FRAMGÅNG

Jag är modig, jag är stark.

Väldoft i form av framgångstankar

Blåser i mig, blåser i mig.

Jag är lugn, jag är rofylld,

Jag är behaglig, jag är vänlig,

Jag är kärlek och medkänsla,

Jag är charmerande och tilldragande,

Jag är tillfreds med allt;

Jag torkar bort alla tårar och all fruktan.

Jag har ingen fiende.

Jag är allas vän.

Jag har inga vanor

Av ätande, tänkande, uppförande;

Jag är fri, jag är fri.

Jag befaller Dig, O Uppmärksamhet
Att komma och ge koncentration
Till det jag gör, de arbeten jag utför.
Jag kan göra allt
När jag tänker så, när jag tänker så.

I kyrkan eller templet, i bönestämning,
Hämmade mig min vandrande tanke
Och hindrade mitt sinne från att nå Dig,
Och hindrade mitt sinne från att nå Dig.
Lär mig att återta, o, att på nytt återta
Min hjärna och mitt sinne som sålt sig åt
   materien
Att jag må ge dem till Dig
I bön och hänryckning,
I meditation och drömmeri.

Jag ska tillbe Dig
I meditation och avskildhet.
Jag ska känna Din energi
Flöda genom mina händer i mina sysslor.
För att inte förlora Dig i lättja,
Ska jag finna Dig i handling.

Kombinerade metoder

Även om de mentala läkemetoderna obestridligen är överlägsna de materiella, har några fysiska övningar inkluderats i denna bok för dem som vill kombinera de båda metoderna.

Att förbättra synen

Fokusera med slutna ögon på *medulla oblongata* och känn sedan synkraften flyta genom synnerven in i näthinnan. Efter att ha koncentrerat dig på näthinnan under en minut, öppnar och sluter du ögonen ett par gånger. Vrid ögongloberna uppåt och neråt, sedan till vänster och till höger. Rör dem därefter från vänster till höger och från höger till vänster. Fäst blicken på punkten mellan ögonbrynen och visualisera flödet av livsenergi från *medulla oblongata* in i ögonen så att de förvandlas till två sökarljus. Denna övning är välgörande fysiskt och psykiskt.

Affirmation för ögonen

Jag bjuder er,

O strålar av blått,

Att glida genom mina synnerver

Och visa mig verkligen, och visa mig verkligen

Hans ljus är där,

Hans ljus är där.

Genom mina ögon

Kikar Han,

Kikar Han;

De är hela, de är fullkomliga.

Ett [1] ovanför och två därunder;

Ögon tre, ögon tre.

Genom er, osett, vilket ljus flyr där,

Genom er, osett, vilket ljus flyr där!

Lotusögon, gråt inte mer,

Gråt inte mer.

Stormarna skadar inte dina blomblad längre.

Skynda och kom glidande likt svanar,

I sällhetens muntra vatten,

I fridens blida sjö,

I visdomens gryningstimma.

---

[1] Det "enda" eller andliga ögat i pannan mellan ögonbrynen. Se fotnot på sid. 51.

Detta Ditt ljus,
O, det lyser genom mitt,
Genom dåtid, nutid och framtid.

Jag befaller er,
Mina ögon två,
Att bli ett och ett enda.
Att bli ett och ett enda.
Att se allt och veta allt,
Att göra min kropp strålande,
Att göra mitt sinne strålande,
Att göra min själ strålande.

ÖVNING FÖR MAGEN

Stå framför en stol, böj dig framåt och grip tag om stolssitsen som stöd. Andas ut helt. När lungorna är tömda drar du buken så långt in mot ryggraden som möjligt. Andas därefter in och pressa ut buken så långt som möjligt. Upprepa tolv gånger. Yogier hävdar att denna övning förbättrar matsmältningsorganens funktion (tarmarnas peristaltiska rörelser och matsmältningskörtlarnas utsöndring) och därigenom bidrar till att avhjälpa magproblem.

ÖVNING FÖR TÄNDERNA

Bit med slutna ögon ihop tänderna i över- och underkäken på vänster sida. Slappna av och bit sedan ihop tänderna på höger sida. Slappna av och bit sedan ihop framtänderna. Bit slutligen ihop alla tänder i över- och underkäken samtidigt.

Stanna i varje position i en till två minuter och koncentrera på upplevelsen av "sammanbitna tänder" och visualisera hur livsenergin ger näring åt tandrötterna och tar bort alla obalanser.

EDENS LUSTGÅRD INOM OSS

Kroppen är en trädgård som rymmer sinnenas förtjusande träd – syn, hörsel, smak, lukt och beröring. Gud eller det Gudomliga i människan varnar för en överdriven och orätt användning av dessa sinnesfrukter, i synnerhet sexualdriftens äpple som finns mitt i den kroppsliga trädgården.

Ormen av ondskefull nyfikenhet och Eva eller den känslosamma, feminina naturen som finns i alla

mänskliga varelser frestar dem att bryta mot Guds
bud. Som följd förlorar de självkontrollens glädje och
fördrivs från renhet och gudomlig lycka eller Edens
lustgård. Den sexuella upplevelsen lockar till sig syn-
den eller "fikonlövs"-medvetandet av skam.

Gifta par som önskar barn bör under parningsakten
begränsa sin uppmärksamhet till dess skapande ända-
mål. Om människorna inte hade sexuellt umgänge som
ett självändamål, skulle mycket lidande kunna undvikas.

Metoder för kontroll av könsdriften

Innan du lägger dig för natten ska du torka alla
kroppsöppningar samt händer, fötter, armhålor, navel
och nacken över *medulla oblongata* med en kall, blöt
handduk.

Gör detta regelbundet.

Vid kroppslig upphetsning ska du dra sex till fem-
ton djupa andetag och andas ut djupt. Beblanda dig
därefter skyndsamt med personer som du respekterar,
personer som visar prov på självkontroll.

AFFIRMATIONER FÖR RENHET

Genom ståndare och pistill
Skapar Du blommor så rena.
Genom mina föräldrars renhet
Hämtade Du min kropp.

Såsom Du är Skaparen
Av allt som är gott,
Är vi det också.
Lär oss att skapa
I helighet och gudomlighet
Ädla tankar eller ädla barn.
Du är utan kön
Vi är könlösa, vi är könlösa.
I renhet skapade Du oss.

Lär oss att i helighet skapa
Ädla tankar eller barn
Formade till Din avbild.

För att besegra frestelserna ska jag fördriva ond-
skan från mina tankar. Jag ska dra tillbaka sinnet från

känselområdena på kroppens yta, de som orsakar
psykisk längtan, och söka den inre sällheten i form
av Guds närvaro.

ATT BOTA DÅLIGA VANOR

Goda vanor är dina bästa medhjälpare; be-
vara deras kraft genom att oupphörligt utföra goda
handlingar.

Dåliga vanor är dina värsta fiender; de tvingar
dig att motvilligt utföra destruktiva beteenden. De
är ödesdigra för ditt fysiska, sociala, moraliska, men-
tala och andliga liv. Svält ut de felaktiga vanorna
genom att vägra dem näring i form av ännu fler då-
liga handlingar.

Sann frihet ligger i att utföra alla handlingar i
enlighet med en riktig bedömning och ett fritt val.
Exempelvis bör du äta mat som du vet är hälsosam
och inte nödvändigtvis sådan som du äter av gammal
vana.

Det tar tid för såväl goda som dåliga vanor att få
verklig kraft. Segdragna dåliga vanor kan ersättas av

goda vanor, om de senare tålmodigt odlas.

Utrota dåliga vanor genom att ersätta dem med goda vanor på livets alla områden. Stärk ditt medvetande om frihet från allt inre tvång, såsom ett Guds barn.

AFFIRMATION FÖR FRIHET

Du finns i lagen;
Du står över alla lagar,
Du står över alla lagar.
Precis som Du,
Står jag över alla lagar.

O ni tappra soldater av goda vanor
Driv bort de mörka, mörka vanorna;
Driv bort de mörka, mörka vanorna.
Jag är fri, jag är fri.
Jag har inga vanor, jag har inga vanor.
Jag ska göra det rätta, jag ska göra det rätta.
Opåverkad av vanors makt.
Jag är fri, jag är fri;
Jag har inga vanor, jag har inga vanor.

KORTA AFFIRMATIONER

Himmelske Fader, stärk min beslutsamhet att förkasta felaktiga vanor som drar till sig dåliga vibrationer och att skapa rätta vanor som drar till sig goda vibrationer.

Guds eviga liv flyter genom mig. Jag är odödlig. Bortom mitt sinnes våg ligger det Kosmiska Medvetandets ocean.

Gudomlige Fader, där Du satt mig, dit måste Du komma.

Inga filmer om livet består av en enda skådespelare eller enstaka händelse. Min roll på scenen är viktig, för utan mig vore det kosmiska dramat ofullständigt.

BÖNER TILL DEN GUDOMLIGE FADERN

Böner ska inte användas för att tigga om flyktiga förmåner utan för att hjälpa människan att återkräva den gudomliga skatt som hon, i sin okunnighet, trodde var förlorad. Följande böner ska vända dina tankar till Gud – Källan till allt gott och Kraften i alla affirmationer.

Din outplånliga bild av fullkomlighet finns inom mig. Lär mig att torka bort alla ytliga fläckar av okunnighet och se att Du och jag är Ett.

O Ande, lär mig att hela kroppen genom att på nytt ladda den med Din kosmiska energi; att hela sinnet genom koncentration och gladlynthet; och själen genom intuition som väckts till liv genom meditationen. Låt Ditt kungarike som finns inom mig avspeglas utåt.

Himmelske Fader, lär mig att minnas Dig i fattigdom eller välstånd, i sjukdom eller hälsa, i okunnighet eller vishet. Må jag öppna mina ögon vilka slutits av mina tvivel och skåda Ditt omedelbart helande ljus.

Gudomlige Herde, rädda mina tankars lamm, vilka gått vilse i rastlöshetens vildmark, och led dem in i Din heliga fålla av frid.

Älskade Gud, låt mig känna att Din osynliga, allt skyddande mantel för alltid omsluter mig i glädje och sorg, i liv och död.

OM FÖRFATTAREN

"Idealet att älska Gud och mänskligheten fick sitt fulla uttryck i Paramahansa Yoganandas liv... Även om det mesta av hans liv tillbringades utanför Indien, intar han ändå en plats bland våra stora helgon. Hans arbete fortsätter att växa och strålar än starkare vilket drar människor från jordens alla hörn till Andens pilgrimsväg."

Med dessa ord uttryckte Indiens regering sin högaktning till grundaren av Self-Realization Fellowship/Yogoda Satsanga Society of India när man gav ut ett minnesfrimärke till hans ära 7 mars 1977, ett datum som utgjorde 25-årsjubileet av hans bortgång.

Paramahansa Yogananda började sitt livsverk i Indien 1917 genom grundandet av en skola för pojkar med inriktning på hur man ska leva enligt dåtidens moderna utbildningsmetoder. I denna skola kombinerades yogaträning med instruktioner

i andliga ideal. 1920 blev han inbjuden till Boston
som indisk representant till International Congress
of Religious Liberals. Senare mottogs hans föredrag
i Boston, New York och Philadelphia emot med en-
tusiasm och 1924 genomförde han en nationsomfat-
tande föredragsturné.

Under följande årtionde företog Paramahansaji
omfattande resor med föredrag och lektioner där
han instruerade tusentals personer i yogavetenska-
pen kring meditation och hur man lever ett balan-
serat andligt liv. 1925 etablerade han det internatio-
nella huvudkontoret för Self-Realization Fellowship
i Los Angeles och med utgångspunkt från detta
påbörjande han ett humanitärt och andligt arbete
som idag vidareförs av en av hans främsta lärjungar,
Sri Mrinalini Mata, ordförande i Self-Realization
Fellowship. Utöver publicering av Paramahansa
Yoganandas böcker, föredrag och informella samtal
(vilket innefattar en omfattande serie lektioner kring
kriya yogameditation), övervakar denna organi-
sation Self-Realization Fellowships tempel, retreat
och meditationscenter över hela världen. Dessutom
arrangerar man träningsprogram för munkar och
nunnor och upprätthåller Worldwide Prayer Cirlce,

som fungerar som en kanal för att hela dem som så behöver samt att skapa större fred och harmoni mellan alla nationer.

Quincy Howe, Jr., Ph.D., professor vid Scripps College i forntida språk skrev: "Paramahansa Yogananda gav västerlandet inte bara del av Indiens eviga löfte om gudsförverkligande utan också en praktisk metod genom vilken andliga sökare från alla olika livssituationer snabbt kan uppnå detta mål. Från att ha varit uppskattat i västerlandet enbart på den mest högtravande och abstrakta nivån, har nu Indiens andliga arv blivit tillgängligt på ett praktiskt plan och kan upplevas av alla som vill söka att lära känna Gud, inte i det tillkommande, utan här och nu... Yogananda har placerat de mest upphöjda metoderna för kontemplation inom räckhåll för alla."

Paramahansa Yoganandas liv och läror finns återgivna i hans verk *En Yogis Självbiografi*. Denna bok har blivit en klassiker inom sitt område sedan den publicerades (på engelska) 1946, och används nu som referensverk och studietext på högskolor och universitet över hela världen.

PARAMAHANSA YOGANANDA:
En yogi i livet och döden

Paramahansa Yogananda inträdde i *mahasamadhi* (när en yogi slutgiltigt, medvetet lämnar sin kropp) i Los Angeles, Kalifornien, den 7 mars 1952, efter att han avslutat sitt tal vid en bankett som hölls till Indiens ambassadör, H.E. Binay R. Sens ära.

Den store världsläraren bevisade värdet av yoga (vetenskapliga tekniker för Gudsförverkligande) inte bara i livet utan även i döden. Hans oförändrade ansikte lyste med oförgänglighetens gudomliga skimmer veckor efter hans bortgång.

Harry T. Rowe, begravningsdirektör vid Forest Lawn Memorial-Park i Los Angeles (där den store mästarens kropp tillfälligt placerats) skickade ett bevittnat brev till Self-Realization Fellowship varur vi saxat följande delar:

"Avsaknaden av något som helst synligt tecken på nedbrytning av Paramahansa Yoganandas döda kropp är det mest ovanliga fallet vi upplevt... Inte ens tjugo dagar efter hans död visade hans kropp några synbarliga tecken på fysiskt sönderfall... Det syntes inte något mögel på hans skinn och ingen uttorkning förekom i kroppsvävnaderna. Detta tillstånd av en perfekt bevarad kropp är, vad vi kan finna i våra begravningsarkiv, helt enastående... När begravningspersonalen tog emot Paramahansa Yoganandas kropp förväntade de sig att se den vanliga stegvisa nedbrytningen av kroppen genom glaslocket på kistan. Vår förvåning växte när dagarna gick utan att någon synlig förändring skedde i kroppen under observation. Yoganandas kropp var uppenbarligen i ett märkligt, oföränderligt tillstånd...

"Det kom ingen nedbrytningslukt från hans kropp vid något tillfälle... Yoganandas fysiska utseende 27 mars, strax innan bronslocket lades tillrätta på kistan, var detsamma som det varit 7 mars. Han såg lika fräsch och opåverkad ut 27 mars som kvällen när han dog. Den 27 mars kunde man inte påstå att hans kropp förevisade några som helst tecken på fysisk nedbrytning. Av den anledningen konstaterar vi än en gång att Paramahansa Yoganandas fall är unikt i vår erfarenhet."

BÖNER FÖR GUDOMLIG LÄKNING

"O Fader, jag vill ha välstånd, hälsa och omät-
lig visdom, inte från jordiska källor utan från Dina
händer som äger allt, har all kraft, och ger gåvor av
överflöd."

— *Paramahansa Yogananda*

Gud lever i varje atom av skapelsen. Om Han
skulle dra tillbaka sin livgivande Närvaro, skulle
världar försvinna utan ett spår i etern.

Människan är helt avhängig av sin Skapare.
Precis som hälsan, lyckan och framgången som hon
drar till sig som resultat av att iaktta de Gudsgivna
lagarna, så kan den hjälp och den läkning som hon
behöver erhållas direkt från Gud genom bön.

Bröder och systrar i Self-Realization Fellowship
ber dagligen böner för läkning av fysisk sjukdom,
själslig obalans och andlig okunnighet. Genom Guds
välsignelser har tusentals fått andlig hjälp. Du kan

be om förbön för dig själv eller dina nära och kära antingen via vår webbsida eller genom att skriva eller ringa till vårt internationella huvudkontor:

SELF-REALIZATION FELLOWSHIP
3880 San Rafael Avenue
Los Angeles, CA 90065-3298, USA

Tel: (323) 225-2471 • Fax: (323) 225-5088

www.yogananda-srf.org

YTTERLIGARE RESUSER KRING PARAMAHANSA YOGANANDAS UNDERVISNING I KRIYA YOGANS TEKNIK

Self-Realization Fellowship har ambitionen att kostnadsfritt stödja sökare från alla delar av världen. För information kring våra årligt återkommande föredrag och lektioner för allmänheten, meditationer och inspirerande gudstjänster i våra tempel och på våra center runt om i världen, samt schema för våra retreater och andra aktiviteter, hänvisar vi till vår webbsida eller vårt internationella huvudkontor:

www.yogananda-srf.org

SELF-REALIZATION FELLOWSHIP
3880 San Rafael Avenue
Los Angeles, CA 90065-3219, USA
Tel: +1 323 – 225 2471, fax: +1 323 225 5088

ANDRA BÖCKER AV
PARAMAHANSA YOGANANDA

Kan rekvireras från bokhandlare eller direkt från utgivaren:

Self-Realization Fellowship

3880 San Rafael Avenue,

Los Angeles, California 90065-3219, U.S.A.

Tel. +1 323 225-2471 Fax: +1 323 225-5088

www.yogananda-srf.org

BÖCKER PÅ SVENSKA AV
PARAMAHANSA YOGANANDA

En Yogis Självbiografi

Hur du kan samtala med Gud

Lagen om framgång

Metafysiska meditationer

Vetenskapliga helande affirmationer

BÖCKER PÅ ENGELSKA AV PARAMAHANSA YOGANANDA

Autobiography of a Yogi

The Second Coming of Christ:
The Resurrection of the Christ Within You
En klargörande kommentar till Jesu ursprungliga läror.

God Talks with Arjuna; The Bhagavad Gita
En ny kommenterad översättning.

Man's Eternal Quest
Volym I av Paramahansa Yoganandas föreläsningar och
informella samtal.

The Divine Romance
Volym II av Paramahansa Yoganandas föreläsningar och
informella samtal.

Journey to Self-realization
Volym III av Paramahansa Yoganandas föreläsningar och
informella samtal.

Wine of the Mystic:
The Rubaiyat of Omar Khayyam — A Spiritual Interpretation
En inspirerande förklaring som kastar ljus över den
mystiska Gudskontakten som ligger under Rubaiyats
gåtfulla bildspråk.

Where There Is Light:
Insight and Inspiration for Meeting Life's Challenges

Whispers from Eternity
En samling av Paramahansa Yoganandas böner och
gudomliga upplevelser som upplevts i upphöjda
meditativa tillstånd.

The Science of Religion

The Yoga of the Bhagavad Gita:
*An Introduction to India's Universal Science of God-
Realization*

The Yoga of Jesus:
Understanding the Hidden Teachings of the Gospels

In the Sanctuary of the Soul:
A Guide to Effective Prayer

Inner Peace:
How to Be Calmly Active and Actively Calm

To Be Victorious in Life

Why God Permits Evil and How to Rise Above It

Living Fearlessly:
Bringing Out Your Inner Soul Strength

How You Can Talk With God

Metaphysical Meditations
Mer än 300 andliga, upplyftande meditationer, böner
och affirmationer.

Scientific Healing Affirmations
Paramahansa Yogananda presenterar här en djup
förklaring till affirmationernas vetenskap.

Sayings of Paramahansa Yogananda
En samling uttalanden och visa råd som bibringar
Paramahansa Yoganandas rättframma och kärleksfulla
svar till dem som kom till honom för vägledning.

Songs of the Soul
Mystisk poesi av Paramahansa Yogananda.

The Law of Success
Förklarar de dynamiska principerna för att uppnå ens
mål i livet.

Cosmic Chants
Ord (på engelska) och musik till 60 hängivna sånger,
med en introduktion som förklarar hur andlig sång kan
leda till gudskontakt.

LJUDINSPELNINGAR MED PARAMAHANSA YOGANANDA

Beholding the One in All

Awake in the Cosmic Dream

Songs of My Heart

Be a Smile Millionaire

The Great Light of God

To Make Heaven on Earth

One Life Versus Reincarnation

Removing All Sorrow and Suffering

In the Glory of the Spirit

Follow the Path of Christ, Krishna, and the Masters

Self-Realization: The Inner and the Outer Path

ANDRA PUBLIKATIONER FRÅN SELF-REALIZATION FELLOWSHIP

En komplett katalog, som beskriver alla Self-Realization Fellowships publikationer och audio/video-inspelningar kan erhållas på begäran.

The Holy Science
av Swami Sri Yukteswar

Only Love:
Living the Spiritual Life in a Changing World
av Sri Daya Mata

Finding the Joy Within You:
Personal Counsel for God-Centered Living
av Sri Daya Mata

Enter the Quiet Heart:
Creating a Loving Relationship with God
av Sri Daya Mata

God Alone:
The Life and Letters of a Saint
av Sri Gyanamata

"Mejda":
The Family and the Early Life of Paramahansa Yogananda
av Sananda Lal Ghosh

Self-Realization
(en kvartalstidskrift grundad 1925
av Paramahansa Yogananda)

SELF-REALIZATION
FELLOWSHIPS LEKTIONER

I Self-Realization Fellowships lektioner presenteras de vetenskapliga teknikerna kring meditation som Paramahansa Yogananda lärde ut, däribland kriya yoga tillsammans med hans vägledning kring alla aspekter av ett balanserat andligt liv. För ytterligare information kan "Undreamed-of Possibilities" rekvireras, en gratis informationsbroschyr som finns tillgänglig på engelska, spanska och tyska.

www.ingramcontent.com/pod-product-compliance
Lightning Source LLC
Chambersburg PA
CBHW032010040426
42448CB00006B/570